" Pages actuelles "
1914-1917

PIERRE IER

ROI DE SERBIE

PAR

RENÉ CHAMBRY

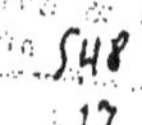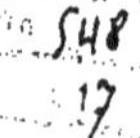

BLOUD ET GAY, Éditeurs
7, Place Saint-Sulpice, PARIS

1917

PIERRE IER ROI DE SERBIE

CHAPITRE PREMIER

On pouvait croire le pays à l'agonie. Les soldats, aux yeux desquels brillait encore l'âpre amour de la liberté, parlaient bas, comme si le Malheur avait cassé, d'un revers de ses doigts nerveux, l'espoir dans lequel ils avaient mis le meilleur d'eux-mêmes. C'était comme s'il portait ses pas feutrés à leur rencontre, sur le chemin de la défaite. Pulvérisés par la mitraille qui s'abattait en éventails pourpres autour d'eux, vaincus par Skodal qui donnait à la guerre, — à l'instar de Krupp, — une forme d'industrialisme à laquelle nul ne se fût attendu, broyés entre les gigantesques pinces d'une tenaille qui les serrait chaque jour davantage, poursuivis par le destin rigoureux, ayant enduré toutes les douleurs de l'âme, toutes les souffrances du corps, ils étaient résignés et prêts à l'ultime sacrifice, n'ayant plus d'espoir qu'en une mort brève qui leur aurait apporté — enfin ! — la délivrance.

Cette fièvre des premiers jours de combat qui les

avait tous fait vibrer comme s'ils n'avaient été qu'un seul homme, s'était insensiblement apaisée. Même la voix des héros tombés à leurs côtés et qu'ils avaient dû abandonner, sans soin, à la terre saturée de sang, ne venait plus chuchoter à leurs oreilles inquiètes les raisons d'espérer. Et les pierres elles-mêmes avaient crié au passage de ces légionnaires meurtris, admirables vainqueurs de deux guerres rudes et sanglantes, sur lesquels, avec un aveugle entêtement, le sort s'acharnait.

Tout se brouillait aux regards de ceux qui avaient perdu la foi et la confiance, qui devaient combattre plus forts et plus nombreux qu'eux-mêmes, l'invisible ennemi qui arrosait d'une pluie d'acier leurs régiments déjà réduits.

Qu'est-ce qu'hier? Qu'est-ce que demain? Qu'importait que l'avenir, chassant les lourdes ombres du découragement, préparât de sa poigne solide la miraculeuse aurore de la victoire? Ressentiments et doutes, angoisses et souffrances, ils n'ont plus sur leurs faces amaigries la clarté de l'espoir qui leur donna jadis la force indispensable à tailler en pièces les Turcs, à écraser les Bulgares.

Seul, un miracle pouvait les sauver. Mais lui aussi tardait trop, pour que ceux qui l'attendaient, dans un magnifique entêtement, le vissent arriver à temps. C'était, au cœur de chacun, la profonde morsure du découragement. Et les fusils tombaient des mains. On en était arrivé au moment où l'on se rend sans combattre, sans savoir, sans penser, sans réfléchir. Le ressort de l'énergie se brisait.

De l'autre côté des retranchements, aux derniers représentants des légions qui avaient accompli modestement des actes admirables, les Autrichiens adressaient la perfide invitation à mettre bas les armes. N'avaient-ils pas atteint l'extrême limite du courage ? N'avaient-ils pas largement gagné un repos utile et des titres à un traitement de bonté qu'on ne leur marchanderait pas ?

Aussi, chaque jour, des aéros ennemis ronflant au-dessus du grouillement des camps, laissaient tomber des pluies de petites affiches invitant à cesser la bataille. On n'avait plus la force de réagir, d'arracher de soi la pensée lâche de se rendre sans combattre. Et vraiment, il fallait qu'ils eussent souffert ceux qui personnifiaient le courage tranquille et le pur héroïsme, pour en arriver là ! L'idée mauvaise avait gagné les esprits désorientés, les cœurs rongés par l'ulcère du désespoir, dans lesquels, par un suprême retour sur eux-mêmes, ils ne pouvaient trouver les raisons suffisantes d'espérer et la volonté d'être victorieux.

Le fléchissement s'accentuait. On s'interrogeait ouvertement. Quelques-uns, dont le nombre augmentait, s'étaient laissés prendre à la glu trompeuse des communications d'un ennemi qui se complaisait aux ruses les plus effrontées. Ils parlaient d'abandonner la lutte, de se soumettre sans conditions, fatigués de répondre à coups de fusil aux canons qui avaient eu si vite et si complètement raison de leur ardente volonté et d'un esprit de sacrifice dont ils auraient voulu faire preuve, jadis, jusqu'à la mort. Ainsi, ce que la victoire a fortifié de confiance au long de plusieurs combats, peut être détruit par le désespoir irréfléchi d'une heure. Et c'était la Serbie perdue. En masses, les vainqueurs de Monastir, de

Prilep, de Kumanovo, de la Brégalnitza allaient faire le geste navrant de courir à l'ennemi, les bras levés, comme un vaste troupeau conduit par un guide perfide.

Un instant cependant, on hésita. Fallait-il sacrifier les femmes et les enfants restés dans le cher village natal, à l'abri d'un bonheur tranquille? Flétrir d'un acte vil la patrie dont on avait été fier de se réclamer au lendemain du traité de Bucarest qui avait doublé le territoire, assuré au pays l'admiration du monde, déclanché la colère de la vieille Autriche, envieuse et gourmande et dont, par contre-coup, la Bulgarie avait tremblé de froide jalousie? Tout d'un coup, tandis qu'ils étaient en groupes à discuter, le miracle se produisait. A ceux-là qui reculaient, surpris et confus, apparaissait la silhouette familière d'un homme de taille moyenne, aux mouvements encore nerveux malgré le rhumatisme qui tordait ses membres.

— Le *Tchitcha*, murmurèrent les soldats étonnés.

C'était Pierre Ier en personne, le « vieux » comme l'avaient appelé les militaires. Il était en tenue de campagne. Sa figure de rude guerrier, barrée d'une longue moustache blanche, était empreinte de tristesse.

— J'apprends, mes enfants, que, fatigués de vous battre, certains d'entre vous décident de se rendre? Eh bien! qu'ils aillent. Moi, je reste.

On se regarda avec embarras. Spontanément, de même que tout à l'heure on avait tacitement décidé de se rendre à l'ennemi qui apprêtait les chaînes avec des rires diaboliques, un cri immense, unanime, de joie et d'espérance, de victoire aussi, comme un formidable tonnerre, retentit :

— Vive notre roi !

Aussitôt, le combat recommença avec une violence sans égale. Les officiers n'excitaient plus les hommes. Les fusils partaient tout seuls ; les actions d'éclat se succédaient. Jamais on ne s'était battu avec cette fièvre, dans l'ardent désir de vaincre. Chacun sentait son cœur emporté par la rage d'arracher la victoire ou de mourir pour le *Tchitcha* qui venait si cordialement vers eux, insoucieux des distances, malgré ses souffrances, la fatigue, et qui restait parmi ses soldats, ses enfants — dans la multicolore féerie de la bataille où le canon roule, les balles sifflent, — musique diabolique d'ouragan, d'orage, de tempête, de pluie et de tonnerre qui emporte tout, blesse, fracasse et tue.

La ligne brusquement venait de prendre feu sur une distance de plusieurs kilomètres. La bataille devenait générale et terrible. Merveilleuse vision de héros qui se jetaient, la poitrine en avant, dédaigneux de la mitraille, sanglants, en haillons, possédés d'une sainte colère qui les faisait trembler, eux dont le cri n'était plus un cri de détresse, d'agonie douloureuse — parmi tant d'agonies ! — mais d'espérance et de joie et qui allait être bientôt le cri de fête des triomphateurs.

L'invraisemblable miracle se réalisait. Tranquillement appuyé sur la tranchée, visant comme au champ de tir lorsqu'il était membre de l'Arquebuse de Genève où il conquit toutes les médailles et tous les prix, le roi faisait le coup de feu comme le plus humble de ses soldats, avec calme et précision, manquant rarement ceux qu'il visait.

C'était si imprévu, si prodigieux, si inespéré qu'on

doutait encore que le souverain, par son calme exemple, eût pu donner à ses régiments la force logique de culbuter l'armée de Potiorek.

L'état-major autrichien avait lancé un quart de million d'hommes vers le nord-ouest du pays ; 80.000 marchaient sur Belgrade, 80.000 vers le Roudnik, 20.000 sur Chatchac, 30.000 sur Lazarevats. Valjevo allait être pris ; Kragoujevatch et son arsenal perdus ; Nich menacé et Topola bousculé, — où reposaient les morts de la famille royale. Mais tout d'un coup, par un prodige inouï, le centre ennemi était percé, la droite battue sur la Morava, la gauche rejetée sur Oub. Deux jours plus tard, les Serbes, électrisés, avaient repris toute la ligne Oujetse-Valjevo-Lazarevats ; le 15 décembre, ils reconquéraient Belgrade, ayant en 14 jours fait prisonniers — 42.000 Autrichiens, pris 133 canons, 72 mitrailleuses, 3.300 voitures de ravitaillement, tué et blessé 60.000 ennemis.

Tel fut le miracle des premiers jours de décembre 1914. La victoire avait pris une forme que les soldats avaient reconnue comme une ancienne amie fidèle. Tous, de 16 à 60 ans, encouragés par la présence du roi-soldat, — ceux-ci trop faibles, ceux-là épuisés, — qu'importe ! — avaient dans leur cœur de patriote trouvé la suprême énergie, le regain nécessaire, le courage utile à concourir à la défense du territoire envahi avec une ardeur unique et un esprit remarquable de sacrifice. Ils ne voulurent pas que la Serbie, meurtrie, déchirée, pantelante fût livrée à la merci de soldats sanguinaires qui n'avaient jamais connu l'idéalisme.

CHAPITRE II

Le roi était presque arrivé au sommet de la montagne, dont chaque année, depuis 1844, il s'était lentement rapproché. Il regardait la route difficile, parcourue depuis le 15 juin 1903 lorsque l'assemblée nationale lui offrit, à l'unanimité des voix, le trône de Serbie.

Pierre Ier était issu d'une famille de braves. Le malheur, depuis plus d'un siècle pourtant, poursuivait celle-ci de son implacable rigueur. Georges le Noir, son grand-père, le héros de l'indépendance serbe, avait apporté la liberté au pays. D'un vigoureux effort continu, dès 1806, il était parvenu à briser la corde que la perfidie des Ottomans avait passée au cou du peuple. Un simple paysan cependant. Mais une irrésistible vocation l'avait pris, entraîné, enveloppé de sa magique puissance et poussé sur le chemin de la gloire, où il défia le destin mauvais.

Attaché à la terre qui l'avait nourri, avec cette passion presque religieuse qu'on remarque encore chez les habitants des campagnes, un jour, il avait senti palpiter en lui l'âme d'un grand capitaine. Tous les pays ont ainsi vu sortir du rang, aux heures de détresse, des soldats qui sont des héros ou des martyrs et qui conquièrent, à la pointe de leur épée, la renommée, avec l'indépendance et la liberté du pays. Tel fut le cas de Georges le Noir.

Il apparaît précisément à un périlleux tournant de l'histoire serbe, au moment où le pays, las d'avoir gémi sous le joug des Turcs, réclamait du plus profond de son cœur un chef qui serait un libérateur. Ce fut un simple qui sut rester sage. Bel exemple donné à ses successeurs, mais que seuls, les Karageorgevitch comprirent. Ce qu'il entreprit avec un rare esprit de décision dénote une application remarquable et l'élan que porte en soi le génie. Qui mieux que lui eût su équiper un peuple, l'entraîner, le dresser au métier des armes au point qu'il mettait en fuite, le 13 août 1806, à Michar, un ennemi quatre fois supérieur ? Et, plus valeureux que ses meilleurs soldats, Georges le Noir marchait fièrement à la conquête de l'indépendance du pays, qu'il enlevait de haute lutte. Mais la fortune tourna. L'insuccès prit sa revanche. Il fut bientôt obligé de quitter le sol natal. Quand, le cœur défaillant au souvenir des jours de gloire passée, il revint se mettre à la tête du peuple désorienté, le 13 juillet 1817, une main lâche — la main d'un hôte — le frappa d'un mortel coup de poignard.

Rude, violente, la lutte est désormais déchaînée entre les Obrenovitch et les Karageorgevitch qui vont, presque alternativement, se partager le pouvoir. Le père du roi actuel, qui fut prince régnant, doit à son tour céder la place à Miloch Obrenovitch et quitter le pays, le 24 décembre 1858. Ainsi, l'histoire se répète et Pierre Ier est contraint aujourd'hui, en attendant l'heure du triomphe, de vivre loin du sol natal, labouré par les roues des canons autrichiens et bulgares.

C'est à ceux-là que le souverain songeait lorsqu'il regardait le chemin suivi, à l'ancêtre dont il répétait en quelque sorte le geste héroïque, mais avec plus de force, à son père qu'il connut surtout dans l'exil, loin de la chère patrie à laquelle l'attachaient tant de souvenirs. Il revoyait le coin de terre où il vécut les jeunes années heureuses, le vieil arbre du jardin familial, confident de ses espoirs et qui n'avait plus ni ombre ni fruit. Puis, la Suisse accueillante, où il passa une grande partie de son existence, étudiant les institutions démocratiques dont son règne allait se prévaloir. Jeunesse studieuse qui l'attire vers les économistes, les sociologues, les logiciens et les philosophes, notamment vers Stuart Mill, dont il traduit, en serbe, *la Liberté* Il se consacre surtout à étudier les pays de la démocratie qui laissent aux esprits leur libre fierté. Comme on comprend son mépris pour la caporalisation prussienne et son amour pour la France, où l'égalité civique, même sous le règne de Napoléon III, n'était pas un mot vide de sens ! Aussi, est-ce de toutes les fibres de son sentiment qu'il vibre aux manifestations de la seconde patrie qui l'accueillit jadis avec un empressement généreux...

D'un éclair de pensée, il venait de parcourir un siècle... Maintenant, la victoire l'enfiévrait. Les Autrichiens vaniteux étaient en fuite ; leur *Strafexpedition* punie par les soldats de la Justice, la capitale du royaume reconquise, l'espérance permise d'une meilleure fortune réservée à ses armes. Dans le décor

mouvant de la bataille livrant passage à la victoire
auréolée, il semblait plus puissant même que son
aïeul. L'un apporta l'indépendance au pays, l'autre
avait presque doublé son territoire. La grande guerre
finie, Pierre Ier assistera à la restauration de la
grande Serbie, à la reprise des provinces que les
Austro-Hongrois se sont appropriées au mépris du
droit et que les grandes puissances, frappées sans
doute d'amnésie, lui permirent d'annexer officielle-
ment. La belle apothéose, en vérité, qui groupera
tous les Jougoslaves sous le sceptre d'un Karageorgevitch !

Sans le coup d'État de 1903 qui fit longtemps crier,
ceux qui étaient ignorants de la politique balkanique, la Serbie était perdue, englobée par l'Autriche à la dévotion de laquelle Alexandre Obrenovitch s'était livré sans condition. Il avait fallu ce
début difficile de règne, après la révolution de palais de Belgrade, pour modifier profondément les
destinées du pays, — et le sauver.

Avec affliction, le roi se rappelait à présent les
discussions amères, le calvaire pénible qu'on lui
prépara — si longue était la route ! — et les sourdes
attaques de la vieille Europe qui pose volontiers à
la vertu. Comme si, en accourant vers son pays, au
lendemain de la disparition du souverain en bau-
druche, il avait accompli un acte répréhensible !
Mais le jour de la justice, enfin, est arrivé. Ses
adversaires les plus décidés — après un règne tel
que la Serbie n'en avait point connu, — reconnu-
rent que Pierre Ier n'avait rien d'un César ambitieux
ni d'un usurpateur. Alexandre Obrenovitch étant
mort sans laisser d'héritiers mâles, le trône reve-

nait à un Karageorgevitch. Le pays entier appelait d'ailleurs celui-ci comme on désire un bienfait. A l'unanimité, il fut choisi. Lui fera-t-on le grief d'avoir accepté? Jamais il ne se montra meilleur patriote qu'en accourant d'exil se mettre au service de la nation dont il avait été tenu éloigné, pendant plus de 40 années, par la rancune des Miloch, Michel, Milan et Alexandre Obrenovitch.

Lourde tâche, noble privilège que saisir la direction de la barque désemparée qui roulait dangereusement au gré des vagues. Il ne dut rien à ces officiers qui prirent sur eux de rendre la justice et de débarrasser le pays de son ennemi le plus redoutable. Pourtant, la rancune est tenace parmi ceux qui ambitionnent de juger toutes les causes. Les peuples sont ainsi faits qu'ils oublient fréquemment la vengeance populaire exercée contre leurs propres souverains. L'Autriche de 1793 n'a-t-elle pas laissé Marie-Antoinette monter à l'échafaud?

Le coup d'État du 11 juin 1903 n'a donc surpris que ceux qui n'avaient pas compris la politique austrophile impopulaire du dernier Obrenovitch dont le sentiment national serbe ne pouvait pas s'accommoder. Avec Pierre Ier, c'en est fini des turpitudes, des vexations, des passe-droits. Il fallut une tourmente, née de la vengeance publique, pour que la nation sortît grandie du succès remporté sur elle-même. C'était comme le vent du large balayant les miasmes d'un air trop lourd. Aube reposante après la nuit d'énervement et d'orgie. Et, incontestablement, le premier mérite du nouveau roi aura été, lorsqu'il se sentit assez fort, de purifier le territoire de la présence de ceux qui avaient servi Alexandre,

puis qui s'étaient tourné contre lui. L'histoire n'a-
t-elle pas démontré que les régicides avaient agi à
l'insu de Pierre Karageorgevitch ? Dans l'ensemble
d'un règne qui fut infiniment élevé et favorable à la
grandeur de la Serbie, les détails — même importants
du début — disparaissent devant les événements
heureux qui contribuèrent à la fortune et à la prospérité du pays.

Depuis longtemps, celui-ci aspirait à la tranquil-
lité, à des lois équitables, à un régime de justice.
Le nouveau souverain aura puissamment contribué
à ce que son peuple prît conscience de sa propre
force, de ses responsabilités, de sa raison d'être, car
le hasard l'avait placé pour son malheur — ou pour
son bonheur peut-être — sur la route de l'Autriche, dont la politique d'absorption, dirigée vers
la mer Égée et Salonique, se riait sinistrement des
droits imprescriptibles des petites nations. Politique de fouberie que dirigent les élèves lointains de
d'Aerenthal : les Berchtold, Tisza, Burrian et d'autres
pêcheurs en eau trouble, assis face à Belgrade, au
bord du Danube qui roule ses eaux majestueuses.

CHAPITRE III

Dans la multitude qui gravite autour de lui, Pierre de Serbie a reconnu ses ennemis. Les représentants des nations étrangères sont les miroirs de l'âme de ceux qu'ils ont la délicate mission de représenter. Peu de temps après son avènement, le roi s'aperçoit du travail de sape auquel on se livrait à la légation d'Autriche-Hongrie sous la direction du docteur Dumba qu'une propagande effrénée — et effrontée — fit jeter, plus tard (en 1915), hors d'Amérique, comme un laquais et du comte Forgach qui fabriquaient patiemment les matériaux nécessaires à la campagne de dénigrement que leur pays devait entreprendre, un jour prochain, contre le souverain et le peuple serbes.

Scrutant l'horizon vers le nord, de son regard aigu de chasseur, Pierre Ier a distingué la petite tache noire fixée sur la boursouflure claire des nuages. Ailes ouvertes, elle se précise. C'est l'oiseau de proie qui tournoie d'un large vol, comme une menace. Même quand il est masqué par le brouillard, on a d'instinct l'impression de sa dangereuse présence. On le redoute, non par poltronnerie — la Serbie a montré fréquemment sa témérité fougueuse — mais parce que ce peuple d'agriculteurs paisibles entend vivre tranquille, à l'abri des difficultés énervantes que certains cherchent à susciter.

C'est vrai aussi que l'aigle bicéphale a planté ses griffes en Bosnie-Herzégovine. Nul n'ignore qu'il cherche d'un vol éperdu à traverser la Serbie entière pour se poser, triomphant, sur les maisons blanches de Salonique.

Des deux côtés de la mouvante barricade bleue, on s'est vite reconnu. Là, on ne pardonne pas au roi serbe d'avoir rompu avec les traditions des Obrenovitch, d'orienter les destinées du peuple vers une politique nettement slave, appuyée avec confiance sur la loyauté de la mère Russie et sur la France et l'Angleterre. Le morceau d'étoffe échappait à l'arlequin austro-hongrois. Il allait devenir insaisissable, si l'on n'employait toutes les forces disponibles à le retenir. On entra vivement en campagne. Non pas clairons en tête, étendards déployés, les troupes en ordre de marche. L'univers apitoyé aurait pu soutenir de ses sympathies la Serbie malheureuse. Généralement on est avec le faible contre le fort. C'est pourquoi Vienne résolut de noircir ce pays, de le charger de crimes, d'en détacher progressivement ses amis et d'en faire une sorte de paria. Laborieuse campagne d'accusations, d'insinuations, de calomnies comme on n'en vit jamais, malaisée à mener, mais qu'entreprend avec une adroite obstination le *Correspondenzbureau* de Vienne, à la solde du ministère des Affaires étrangères. Nul n'était mieux qualifié pour distiller le poison. On sait comment les légendes sont mises en circulation, comment elles s'arrondissent et sont artificiellement gonflées. Celles-ci furent soufflées au point qu'elles crevèrent tôt après qu'elles eussent été lancées vers les foules curieuses, comme des bulles de savon trop grosses.

Des hommes de bon sens, cependant, ont entendu cette voix perfide qui venait sur un rythme cajoleur de valse, porter la calomnie jusqu'au fond de l'Europe. On insinua que Pierre Ier était mêlé à l'attentat perpétré à la dynamite contre le palais du roi Nicolas de Monténégro, son beau-père; qu'il soutenait de ses deniers la campagne antihabsbourgeoise dans les pays slaves incorporés à la monarchie. Chaque jour amenait son accusation. On en était à chercher une affaire kolossale, lorsque le geste fatal fut déclanché à Sérajevo, qui donna, à l'Autriche impatiente, l'occasion d'un ultimatum retentissant. Elle mêla le gouvernement serbe au meurtre de l'archiduc François-Ferdinand et prétendit lui en faire endosser la responsabilité. Occasion unique, à laquelle Tisza et le comte von Tschirschky se cramponnent, avec un mauvais rire. Cette fois, l'intervention sera militaire et le différend réglé — naturellement — *manu militari*.

Avec ampleur, il a été répondu souvent aux accusations mensongères de Vienne. S'attarderait-on ici à les réfuter ? Il suffit qu'on rappelle le procès d'Agram inventé de toutes pièces — et de toutes fausses pièces — et l'histoire rocambolesque du consul autrichien Prochaska, prétendûment séquestré à Priszrend. L'histoire, meilleur juge que les témoins oculaires grâce au recul du temps qui éteint les passions, reconnaîtra au roi Pierre une prudence pétrie par les mains d'un destin

2

fréquemment adverse, mais qui ne fut jamais prise
en défaut. En effet : il donne aux affaires publiques une impulsion en rapport avec les aspirations
du peuple, dont il connaît le caractère. Lorsque les
Serbes, coup sur coup, auront triomphé des Turcs
et des Bulgares, le roi fut mieux à même que qui-
conque d'apprécier la nécessité d'une paix durable.
Il veille donc à ce que les efforts de son gouvernement, dans tout ce qui put effleurer la brûlante
question des territoires peuplés de Slaves arrachés
autrefois par la double monarchie, ne prêtassent le
flanc aux critiques en éveil du haineux adversaire,
plus perfide et plus redoutable que l'Ottoman. Existence agitée. Peu de carrières portent en elles autant
de soucis, de larmes, d'émotions. Cependant, le roi
reste calme, même dans la tempête, confiant dans un
meilleur avenir qui doit faire lever les opulentes mois-
sons des champs arrosés du sang de ses fils.

Tous ceux qui l'approchent vantent sa bonté. On
l'aime sans le craindre, d'une affection confiante. Il
avait eu la perception nette, étant si près du peuple,
qu'il se devait de n'être pas détaché, mais intéressé
au contraire par les inclinations, les efforts, les aspirations, les besoins et les desiderata de celui-ci, un
roi qui fût un chef enfin, mais aussi un père.

Dans les moments critiques que traversa le royaume,
sa fermeté d'âme et sa perspicacité sont citées en
exemples. Il avait prévu, longtemps avant qu'il
éclatât, le sombre orage et dénoncé le péril. Ce n'est
pas un banal mérite d'avoir su y parer, avec promp-
titude, luttant souvent contre l'apathie, l'indifférence,
l'inertie de patriotes trop confiants.

Depuis le début de son règne, l'ordre est rarement

troublé aux frontières. Il a vite fait de mettre à la raison les Albanais, fauteurs de troubles, brigandant avec une insolence qui trouve sa force dans le soutien pécuniaire de l'Autrichien et plus tard les Comitadjis bulgares, éduqués à l'école du général Savoff, qui lavaient, avec de grands rires féroces, leurs mains dans le sang des Serbes de Macédoine.

La formule qu'il apporte avec lui, lorsque, confiant dans les destinées du pays, il revint d'exil, est courte : « la liberté par la liberté ». Quelle lumière s'en dégage ! Quelle pure atmosphère ! On sent tout de suite qu'un grand changement s'est produit pour le bien du pays, menacé de mourir entre les bras des usuriers rapaces. Pierre Ier et ses ministres ont créé des institutions fortes, qui, en dépit des circonstances présentes, resteront viables. Ils apportent de l'ordre dans l'anarchie financière. Ils suppriment la malfaçon. Le crédit public est rétabli. L'équilibre budgétaire restauré. Qu'on y songe : ce petit pays avait une dette de près de 45o millions de francs. Unanimement, les banques d'Europe fermaient leurs guichets à ses mandataires trop pressés. Et c'est là tout ce qu'on retiendra du règne d'Alexandre Obrenovitch.

Par delà les qualités morales que n'oublient pas ceux qui suivirent ses constants efforts, Pierre Ier, penché sur le cœur de la nation, écoutait ses battements nerveux. Il chercha à préciser ses aspirations, il sut réaliser ses désirs. Mais le souvenir qui s'attachera à son nom sera surtout celui d'un soldat. Il a été trop intimement mêlé à l'effort militaire du pays pour que ceux qui se chargeront de rappeler les traits de Pierre Ier ne fixent pas une silhouette guerrière. Elle se détachera sur le vitrail du souvenir, dans l'attitude que nous nous imaginons volontiers du chef qui commande : silhouette mâle, visage sévère qu'accusent avec une vigueur particulière, le nez busqué, le front droit, le menton volontaire. On le verra dans l'uniforme de parade, sur lequel les décorations nombreuses jettent de petites notes gaies, la toque de fourrure surmontée d'une aigrette touffue, légèrement inclinée sur l'un des côtés de la tête. L'allure générale laissera une impression hautaine, un peu froide. Pourtant, la réalité nous éloigne beaucoup du portrait. Le souverain serbe, a, dans la physionomie, dans la démarche, dans les gestes, une simplicité toute paternelle. Les portraits qui sont chargés de nous le représenter appuyent peut-être trop sur certaines particularités du visage. Quel qu'ait été, par exemple, le talent de Vermeulen, de Rigaud, de Paulin-Guérin, de Gros, nous ne pouvons pas, d'après les tableaux qu'ils nous ont laissés de Catinat, de Villars, de Suchet, du Prince de Wagram, définir exactement le caractère de ces maréchaux de France. Nous nous égarerions. Mais à regarder les yeux intelligents du roi, clairs et francs, on comprend qu'il ne peut pas être de ceux qui visent aux grâces dangereuses de l'éloquence chère aux diplomates de l'école d'Aerenthal. Et sa parole nette, brève, concise, loyale est celle du soldat qui touche droit le but, sans ambage, sans réticence, une parole qui a une force de persuasion étonnante, parole d'entraîneurs d'hommes, — dont il est.

CHAPITRE IV

Mais l'Autriche poursuit ses noirs desseins, avec une obstination qui ne s'émeut pas. Elle a juré d'écraser la Serbie. A quels moyens répugne-t-elle ? Inlassables, ses politiciens agitent par-dessus les frontières le spectre décharné de la guerre. Puisqu'elle est puissante, elle peut, sans danger, risquer les provocations et multiplier les froissements. Elle a recours à l'envoi d'ultimatums, chaque fois que le voisin, fort de son droit (ce qui est évidemment insuffisant) essaie de résister à ses sommations. On en compte deux en 1913. Le troisième — le dernier qu'elle enverra — suit de près. Il est daté du 23 juillet 1914. La sagesse du roi Pierre, sa prévoyance des événements que l'avenir pouvait faire inopinément surgir, l'avaient fortifié dans cet esprit qu'une petite nation ballottée entre l'ogre autrichien et le vampire turc devait s'appuyer sur une armée aguerrie. On n'a pas le choix entre les moyens d'inspirer le respect ou d'en imposer aux visées belliqueuses de turbulents voisins. De sorte qu'il n'y eut pas à prendre de résolutions désespérées quand le ciel se couvrit de nuages inquiétants.

Depuis de longues années, Pierre Ier avait accordé ses soins à l'application de la loi sur le service obligatoire, votée en 1901 et qui fût restée sans effet sous Alexandre Obrenovitch, exclusivement soucieux de ne pas déplaire aux Autrichiens.

Dès l'avènement de son successeur, on put constater que le service militaire était rigoureusement imposé. Il commençait à l'âge de 21 ans, durait dix années dans l'armée active, six dans le premier ban et huit dans le second ban de la milice nationale. Quel magnifique effort de pouvoir, contre les Turcs, appeler sous les drapeaux près de 400.000 hommes : 1 habitant sur 7 !

Après les campagnes de 1912 et 1913, on ajouta cinq divisions territoriales pour la défense des régions conquises. Précisément on s'occupait de formations nouvelles, quand l'Autriche, secondée par l'Allemagne, précipita la mêlée mondiale.

L'ancien lieutenant Kara, le voïvode des volontaires bosniaques dans la grande guerre contre les Turcs, le chef suprême des armées serbes lorsqu'elles partaient en guerre contre ceux de Constantinople ou de Sofia, malgré les difficultés qu'il voyait dressées devant l'intrépidité coutumière de ses soldats, ne put résister à l'appel du clairon de la mobilisation. Un long frisson d'orgueil le fit intensément vibrer. Pierre de Serbie, il faut le répéter, est un Karageorgevitch. Il coule dans ses veines un sang de guerrier, comme dans celles de ses fils : Georges, que la mitraille autrichienne blesse grièvement devant Valjevo, Alexandre qui commanda à des héros dont il parlait la langue, général auquel la victoire resta si longtemps fidèle.

L'ultimatum rédigé par le comte Forgach, ancien ministre d'Autriche-Hongrie en Serbie, instigateur des faux d'Agram, et par le comte von Tschirchky, ambassadeur d'Allemagne à Vienne, frappe le vieux roi, à la face, comme un soufflet. Celui qui rêvait pour le peuple une paix heureuse voit, d'un éclair de pensée, les conséquences désastreuses d'une troisième guerre. Il pense au pays appauvri par les événements des deux dernières années, à l'armée fatiguée d'avoir remporté tant de victoires. La Macédoine aussi appelait son attention, dont les représentants sont venus supplier qu'on fît administrer leur pays avec ordre. Déjà, on a réglé la question religieuse, si délicate. Un concordat a été signé avec le Vatican qui fixait les mêmes droits aux catholiques qu'aux orthodoxes. Les voleurs publics avaient été mis hors d'état de nuire. Une banque de prêts s'adressait aux paysans et l'on installait en hâte plusieurs lignes de chemins de fer. Hélas ! toutes les tentatives de conciliation du ministre Pachitch sont restées vaines. Il n'y a plus à pleurer les espoirs brisés, mais à préparer activement la gigantesque lutte. « S'il faut faire la guerre, nous la ferons », a déclaré le vieil homme d'État, approuvé par le souverain. Car les descendants de Georges le Noir n'ont jamais transigé avec l'honneur ! Pierre Ier accepte donc l'annonce du départ du baron Giesl von Gieslingen, représentant d'Autriche-Hongrie, avec la sécurité d'une conscience calme. Son gouvernement s'est offert à frapper les coupables serbes — les auteurs principaux de l'attentat de Sérajevo étant sujets austro-hongrois — avec une sévérité exemplaire. Il a accepté, dans son ensemble, un ultimatum tel qu'aucun peuple libre n'en adressa jamais à un autre peuple libre, possédé, malgré tout, de l'impérieux désir de maintenir la paix en Europe. L'Autriche a refusé. Elle a mis tout en œuvre pour ne pas accepter l'humilité de l'offre serbe. Elle a versé l'huile sur l'éclatant brasier que venait d'allumer Tisza et les exploiteurs du cadavre de l'Archiduc. Magyarisme et pangermanisme tiennent l'Europe à la gorge. L'heure n'a jamais été aussi propice à la terrasser. Les manœuvres viennent à peine d'être terminées aux frontières bosniaques. Les soldats n'ont pas encore regagné leurs foyers. Si l'on ne craignait employer un terme trop vif, on dirait que l'assassinat de François-Ferdinand a été une aubaine inespérée pour les hommes d'État de Vienne et de Budapest.

La réponse du gouvernement serbe a cependant satisfait les plus optimistes. Elle a surpris les ministres Grey et Sazonoff par la modération de ses termes et son esprit conciliant. Même, elle surprend Vienne et Berlin. Mais on repousse ce factum rédigé par d'entêtés amis de la paix. On tient le prétexte recherché depuis 1908. Pareils à des brigands, porteurs de balles explosives, de baïonnettes-scies, de bidons de benzine et de pastilles incendiaires, les pères de famille d'Autriche-Hongrie — comme ceux d'Allemagne, — s'en vont en guerre. *Frischer frölischer Krieg !* Pour la Serbie, le moment est solennel, impressionnant, si grave ! Cependant (et heureusement), une harmonie remarquable ne cesse de régner entre la dynastie, le gouvernement et le peuple. Aucune imprécation contre la guerre. Simplement, on déplore l'injustice du sort brutal. Mais on s'incline devant la fatalité, on s'arme et l'on part.

Dans la fièvre des préparatifs, au bruit sonore des canons qui rebondissent sur le pavé raboteux, des régiments qui marchent vers la frontière en chantant, des réservistes accourus de lointaines provinces, le sac à l'épaule, le bâton à la main, dans cette agitation nerveuse, heurtée, bruyante, mais factice et qui reste empreinte d'une singulière gravité, Pierre Ier, puisque ses efforts pour sauvegarder la paix avaient été rejetés dédaigneusement par des adversaires avides de massacres, dut ressentir une surprenante impression de fierté au spectacle de la nation en armes, de ces adolescents qui arrivaient, souriants comme s'ils allaient à une fête inconnue, le cœur battant la charge et les nerfs tendus, de ces hommes d'âge mûr, pensifs et silencieux, conscients de l'importance de la lutte titanesque qu'ils allaient avoir à soutenir, de ces vieillards venus se mettre au service du pays, auquel ils avaient déjà donné leurs enfants et les enfants de leurs enfants. Belle et réconfortante vision ! Une glorieuse fanfare chantait plus haut que le bruit des troupes en marche, des appels de clairons, du mouvement étourdissant, de la vie trépidante. On se montrait le Roi, au milieu de l'état-major. On le voyait encourager les soldats, animer cette armée de sa parole, la fortifier de sa présence. Ce roi-démocrate, qui a longuement fixé sa conscience, n'avait rien à se reprocher. Le peuple entier, dressé dans un dernier et surhumain effort, admirable d'abnégation, de volonté calme, de courage conscient, se dressait entre l'ennemi et lui. Cet ultimatum était une nouvelle épreuve que le sort lui envoyait, — qu'importe ! Il avait assez de grandeur d'âme pour ne pas se plaindre, lui qui était resté si simple, loin de l'éblouissante clarté et des journées de faste qui créent une joie artificielle, mais laissent un vide au fond du cœur. Il se souciait peu que sa santé se ressentît des fatigues imposées par les soucis accumulés les dernières années. Au moins, il lui restait la consolation de regarder en soi pourquoi il était moins fort. Les difficultés qui s'étaient abattues, innombrables, autour de lui, avaient coupé de larges rides son front. Au moment où le malheur venait vers ce vieillard, ployé sous la couronne d'épines, son visage resta calme et fier, avec, dans les yeux une langueur mélancolique. Mais les démonstrations étourdissantes du peuple ont bientôt chassé la vision attendrie du passé. On se trouve face à face avec l'inéluctable : il faut combattre ou périr.

Ils sont vraiment peu nombreux les peuples — dont cette guerre aura donné l'exacte mesure — qui, pareils aux Serbes, eussent osé affronter l'assaut d'un ennemi aussi formidable ! Fixons un moment notre attention sur certains belligérants et quelques neutres. La nation serbe, — car le courage ne se vend pas plus qu'il ne s'achète, — donne une leçon vraiment trop haute aux peuples qui offrirent en vente leur fierté nationale contre nos millions ou ceux de l'Allemagne, pour qu'ils puissent jamais comprendre celle-ci.

L'histoire serbe, depuis le commencement du vingtième siècle, est prodigieusement émouvante. On n'a pas oublié la première guerre balkanique et la part triomphale que l'armée serbe prit dans la rapide et grandiose victoire commune. Venizelos avait été l'âme de cette coalition hardie à laquelle le roi Pierre

et son gouvernement souscrivirent immédiatement,
parce qu'il était impossible qu'on laissât les Turcs
continuer impunément leurs massacres. Le 8 octobre
1912, le Monténégro déclare la guerre au gouvernement de Constantinople qui rompt, sept jours plus
tard, de sa propre volonté, les relations diplomati-
ques avec les adhérents du bloc balkanique. On
assiste stupéfait au considérable effort et au pur
triomphe de l'armée serbe, en dépit des premières
et inoubliables trahisons bulgares. Le prince Alexandre nous fait assister à la terrible défaite que Zekki-
Pacha reçoit, de ses mains, le 26 octobre, sur le
champ de bataille de Kumanovo. Il pénètre bientôt
dans Uskub, la capitale reconquise de la Vieille-
Serbie. Le 28, il est victorieux à Novi-Bazar, le 2 no-
vembre à Priszrend ; enfin Monastir capitule devant
la glorieuse vague qui s'avance. Entouré des géné-
raux Putnik, Stépanovitch et d'un état-major éclairé,
le Roi porte ses exhortations à ceux qui souffrent
pour la grandeur du pays et qui vont encore, dans
leur étonnante générosité, aider les Bulgares à
prendre, le 26 mars 1914, Andrinople si vaillamment
défendue par Chukri-Pacha, et les Monténégrins,
intrépides mais trop peu nombreux, à s'emparer, le
23 avril, de Scutari. On doit ajouter que les premiers
soldats entrés dans Salonique étaient des cavaliers
serbes.

La guerre fut terminée rapidement. On discutait
des conditions de paix quand les Prussiens des Balkans, — comme ils aiment qu'on les appelle, —
qui n'avaient tenu aucun de leurs engagements, se
jetèrent traîtreusement sur les Serbes dont ils firent
un grand carnage. Le cheval de la Mort, fouetté

par la maladie, frappait une nouvelle fois de son sabot durci le sol de la Péninsule. Les campagnes allaient être de nouveau retournées par l'éclatement des obus. Pour la seconde fois, les paysans pacifiques étaient obligés de fuir leurs villages brûlant, à l'horizon désolé comme de grosses torches rondes. Mais les Tartares slavisés étaient bientôt taillés en pièces à la Bréganitza. Le 10 août 1913, on signait le traité de Bucarest.

La Serbie avait couru deux fois de suite à la victoire, sans reprendre haleine. Elle recueillait les fruits de ces triomphes consécutifs, accroissant son territoire de 39.000 kilomètres carrés et d'une population, serbe pour la majeure partie, de plus d'un million et demi d'habitants. Or, une année ne s'était pas écoulée que l'Autriche-Hongrie l'attaquait !

CHAPITRE V

Dira-t-on jamais, en mots éblouis, l'admiration que l'héroïque Serbie fait germer aux cœurs enthousiastes ? Quel courage remarquable cette petite armée ne dut-elle pas puiser en elle-même pour rejeter, deux fois de suite, de son territoire blessé, l'insolent provocateur qui rêvait de conquêtes rapides.

Le premier mois de la guerre touchait à sa fin et les Autrichiens sont rejetés furieusement par delà la Save et la Drina. Décembre ne termine pas l'année fatale dans une apothéose de sang que la nouvelle de la prodigieuse victoire du Roudnik laisse le monde étourdi de stupéfaction. Saine victoire que la chronique historique ne cherchera ni à amoindrir ni même à discuter. Elle fera plus, Elle acclamera, au cours des siècles, de toute l'émotion de son vibrant souvenir, les héros tombés en hécatombes ce jour-là pour la gloire de la patrie serbe. Alors, eut-on douté des troupes du général Putnik qui devaient tenir victorieusement tête aux Autrichiens, préoccupés graduellement de masser leurs divisions profondes contre le torrent russe qui s'avançait ? Or, Vienne

dut avoir recours aux successeurs de Judas qui,
nuitamment, se glissèrent dans la tanière du jeune
lion aux prises avec plus fort que lui pour essayer
de passer autour de ses lourdes pattes les chaînes de
la captivité. Cés 250.000 Serbes qui combattaient
300.000 Austro-Hongrois en eussent été victorieux
si 350.000 Bulgares n'étaient tombés dans leur flanc,
à l'improviste. Ferdinand Ier de Bulgarie, duc de Saxe,
né à Vienne, d'accord avec tout son peuple, avait
recréé la félonie.

Les regrets se pressent en foule, en pensant aux
plans, téméraires mais mathématiques, que les
Serbes avaient proposés aux puissances de l'Entente
— et qui furent écartés. Ils devaient atteindre à ce
double et remarquable résultat d'écraser la tête du
serpent à Sofia, en menaçant le cœur de la Hongrie.
On allait éteindre, d'un geste hardi, l'incendie re-
venu aux Balkans, — d'où il était parti. Or, tous
les atouts que nous avions dans les mains furent
perdus par de pitoyables atermoiements diploma-
tiques. Le sacrifice de leur vie, consenti par les
soldats serbes, n'avait eu qu'une passagère utilité.
Seul, le large cœur de la France faisait sonner ses
battements d'airain aux oreilles inquiètes des gouvernants du pays. L'alliée latine en effet, expé-
diait des renforts prélevés sur le front de l'Ouest,
de jour en jour plus menacé cependant, comme elle
leur avait fait parvenir des canons, des obus et des
aéroplanes, pendant les neuf mois que la Serbie avait
été libre d'envahisseurs. On peut déplorer que l'Angleterre, les pieds pris dans les défenses barbelées
de Gallipoli, n'ait fixé l'attention qu'elle accordait
aux champs de bataille d'Orient qu'à l'improbable

attaque turque contre l'Égypte et que, sourde aux
conseils des critiques militaires et des organes natio-
nalistes, l'Italie essayât dans la rédaction de notes
inutilement subtiles, de perdre un temps précieux.
L'histoire pourrait s'en étonner. Il y a plus triste.
Alliés d'honneur à la Serbie après le traité de Bucarest, certains souverain et ministres de nation balkanique cherchaient à couvrir de honte leur pays en
prolongeant obstinément une neutralité qui ne devait
profiter qu'aux agresseurs des Serbes, — renversés
sous le choc brutal — et dont l'appel angoissé venait
de retentir à travers l'Europe. Derrière la ligne des
montagnes de la péninsule, la Grèce offrait, en effet,
le spectacle pitoyable d'un roi et d'hommes d'État
dans lesquels on ne retrouvait aucune trace de la
vertu des anciens Spartiates. On connaissait dans
l'ancienne Grèce plusieurs degrés dans l'honneur. Il
semble qu'il y ait aujourd'hui chez certains descendants de Thémistocle et de Léonidas, plusieurs degrés
dans le déshonneur. Le roi Constantin a répété le
geste de l'Allemagne en déchirant le « scrap of paper »
qui liait son pays à la Serbie. Il n'est pas défendable.

Pendant ce temps, la Serbie abandonnée de tous ou
presque — était prête à l'ultime sacrifice. Elle attendait, résignée, que le malheur lui traversât la poi-.
trine de son fer, rougi à blanc. Ses yeux fiévreux restaient désespérément fixés aux vols noirs de l'aigle
bicéphale qui menaçait, serres tendues, la place où
battait son cœur.

Le cataclysme ne tardait d'ailleurs pas à s'abattre sur
ce peuple pris entre le marteau et l'enclume, dont le
sang allait couler de plaies profondes par toutes les
routes du pays, jusqu'à ce que la source en fut tarie.

Pour l'armée, depuis longtemps, l'heure de la retraite avait sonné au cadran du destin. Les prouesses — dont les sceptiques douteront tant elles portent en elles de franche beauté et de calme résolution — n'avaient pu sauver les troupes que la mitraille et le choléra décimaient. Il ne restait plus qu'à poursuivre une retraite impratique pour préserver la force utile du pays. Et c'est au moment de saisir dans ses bras décharnés la victoire qu'elle poursuivait d'une course haletante, que l'Autriche présenta précisément à la Serbie une offre de paix séparée. Elle trouvait dans sa bassesse l'impudence nécessaire à offrir un armistice à ce roi résolu qui, n'ayant qu'une parole, l'avait donnée aux Alliés. Aussi, le pacte qui ne compromit que ses auteurs, fut-il repoussé avec mépris, car Pierre Ier eût préféré la mort dans la vallée de larmes qui s'ouvrait devant l'innombrable troupeau de son peuple en fuite. Toutefois, aucune plainte, aucun reproche ne montèrent vers celui qui avait, dans des circonstances particulièrement pénibles, décidé loyalement du sort du pays. Combien de ses sujets avaient laissé derrière eux de la souffrance et de l'agonie ! Mais on marchait, avec, dans le regard, le pétillement vif des étincelles de la victoire passée, avec un espoir farouche planté droit dans le cœur et que le vent de l'infortune — on le croyait fermement — ne parviendrait jamais à faire courber.

Dans le coudoiement, on ne connaissait plus de distance d'un malheur à l'autre, des soldats aux chefs, du peuple au souverain qui s'efforçait, devant la douloureuse et dernière épreuve, de ne pas chanceler sur la route de l'exil. Il voulait atteindre la mer immense où l'on respire librement, terminer sa vie qui fut une vie d'amour pour les siens, en conduisant ceux-ci hors des dangers, jusqu'aux vastes plaines de la prospérité.

Dans le malheur qui l'entourait, narquois, agressif et sournois du cortège de ses serviteurs dévoués, ce vieillard péniblement appuyé sur un bâton, cassé en deux par la souffrance, était plus grand que les soldats de son armée, aux jours de victoire.

A mesure qu'on avançait, l'effroyable martyre se précisait. Il devenait intolérable et la douleur tirait des cris de ce cortège lamentable de soldats, de femmes, d'enfants, de vieillards épouvantés, de prisonniers autrichiens qu'on emmenait aussi et dont on eût dit des vagabonds de légende. L'étrange nature du sol accumulait les obstacles redoutables. Avec des sanglots, l'invraisemblable cohue se bousculait vers la plaine de Kossovo où la Serbie succomba en 1389, traversant, sans repos possible Kragoujevatz, Kralievo, Mitrovitsa, brisée par la catastrophe et laissant derrière elle, comme des épaves que la mort soulageait, les blessés, les malades et les impotents. La famine tuait les uns et torturait les autres. Une ombre était là, qui rôdait autour d'eux, et tout d'un coup, la main décharnée du choléra dont les os s'entre-choquaient aux rythmes du vent, serrait un homme à la gorge, l'arrachait du troupeau. Agonie effroyable, brusque comme sa chute sur le sol durci. A chaque pas, des gens tombaient, les yeux agrandis d'épouvante et que la neige recouvrait vite de son linceul glacé, pour cacher aux autres qui suivaient le spectacle démoralisant de l'agonie.

Plus de trains. Pas d'abris. On mourait de froid et de faim dans cette seconde retraite de Russie. Quelques-uns fouillaient les ordures au bord de la route ; d'autres s'agitaient comme des démons, pris subitement de folie. Ah ! si on avait pu donner du pain à cette multitude : elle l'aurait brandi au-dessus d'elle, comme une hostie énorme.

Par un prodige, inlassablement, l'armée à force de volonté et d'empire sur elle-même poursuit sa marche difficile. Capotes en lambeaux, pieds sans chaussures, la cohorte misérable des artilleurs accomplissait l'étonnante prouesse de porter les canons à la force des bras. Partout, des cadavres marquent le calvaire que gravit le peuple serbe. Devant lui, les défilés sournois où les Albanais s'apprêtent à tuer les traînards ; derrière, l'incendie éclairant le carnage. Nul n'est libre de chagrin : ni le vieux patriote Pachitch sur lequel pesa si longtemps le poids des affaires publiques dirigées avec une exemplaire prudence, ni le voïvode Putnik qui veilla à l'éducation de l'armée à laquelle sa forte impulsion fit accomplir des prodiges et que l'on voit arriver, terrassé par la maladie aux cahots secs d'une chaise à porteur de fortune, ni le prince héritier, sombre et accablé, parmi son état-major, ni surtout le roi, salué avec un immense respect mêlé d'attendrissement — taciturne, tragique mais sublime devant le terrible cataclysme qui bouleverse son pays. Indomptable et indompté, — c'est bien cela !

CHAPITRE VI

A Valona, le général français Mondésir attendait le vieux souverain. Il était venu apporter à celui qui fut la sentinelle avancée de la civilisation dans les Balkans, le salut d'admiration de la France et la distinction qu'elle accorde aux héros : la Croix de guerre. Ainsi, pour la seconde fois, la France se penchait vers Pierre Karageorgevitch et lui donnait l'accolade fraternelle.

On veut brosser ici une silhouette à grands traits, non pas un portrait de détail. Cette silhouette resterait forcément incomplète si le sacrifice, consenti en 1870 par le souverain slave, n'était brièvement rappelé.

Fidèle à ses nobles traditions, Paris avait accueilli le fils de l'ancien prince-régnant de Serbie. Les portes de l'école de Saint-Cyr s'étaient ouvertes devant lui. Survint l'inévitable : Bismarck falsifia la dépêche d'Ems. Pierre Kara — comme on l'appelait — voulut reconnaître l'hospitalité loyale, franche, cordiale qu'il avait reçue (que les Teutons d'alors comme ceux d'aujourd'hui n'ont jamais su apprécier), une hospitalité, alliée au sentiment le plus élevé de la bienveillance et qui avait à la fois étonné et ravi le jeune Serbe, comme le sourire heureux d'une jeune femme.

Vibrant de reconnaissance envers ceux qui avaient constamment mis à portée de leurs hôtes tant de véritables richesses avec une libéralité magnifique et de la vraie beauté, le lieutenant Kara prend du service sous les plis du drapeau tricolore, non pas à la façon de ces hobereaux prussiens qui restaient à distance diplomatique des champs de bataille, la jumelle braquée vers le brasier ardent où les régiments fondaient, mais en entrant lui-même dans cette fournaise, sans souci des balles claquant comme coups de fouets ni des obus qui se déchirent avec le fracas de l'épouvante.

La guerre commence à peine que la France doit puiser dans le trésor d'un courage, accumulé au long des siècles, l'énergie nécessaire à atténuer les rigueurs de la défaite qui monte déjà de l'horizon en flammes. Elle se cramponne et elle lutte. Ses fils protègent, poitrine contre poitrine, Paris que l'ennemi menace de ses hordes brutales. Malheureusement, la fortune se détourne et la chance s'abat. C'est l'agonie qui commence et va se prolonger longtemps, avec, de temps à autre, un sursaut qui lui permettra une courte halte sur le sentier de l'infortune : bataille de Villersexel, par exemple, où les Français conduits par Bourbaki ont la dangereuse mission de débloquer Belfort, couverte par l'armée du général de Werder.

La lutte s'annonçait âpre. L'ennemi occupait les positions dominantes, garnies d'une artillerie nombreuse. Pauvres, mal vêtus, affamés, sans souliers, abattus par une succession étonnante d'injustes revers, les soldats de France ont formellement juré de courir à la mort qui fauchera leurs masses compactes ou à la victoire, dont ils veulent immobiliser les poignets dans la gaine étroite des lauriers.

Jusqu'alors, ils ont fait preuve de la même assurance dans l'adversité, de la même fierté dans le malheur qu'aux jours d'allégresse et de triomphe. Cette force morale les servira à chasser les Prussiens du village qui servait de nœud de communication avec Montbéliard.

Noir de poudre, vêtements en loques, la poitrine sans cesse offerte à la mitraille qu'il méprise, le lieutenant Kara s'est distingué. Il a conquis un titre à la reconnaissance française. Il a refait le geste, noble et simple, des héros d'autrefois. Il mérite — et on lui accorde — cette croix de chevalier de la Légion d'honneur qui ne quittera plus sa poitrine.

Sans répit, furieuse et meurtrière, la campagne se poursuit. La France endure les souffrances les plus cruelles, mais frappe encore, inlassablement.

Au premier rang toujours, Karageorgevitch se bat en brave. Souvent, on aperçoit sa silhouette nerveuse aux avant-postes, apprenant à mieux connaître sur les champs de bataille, qui créent la vraie fraternité, ceux qui lutteront quarante-trois ans plus tard aux côtés des soldats, braves entre tous, auxquels il aura l'honneur de commander pour la même cause de la civilisation, dans le même esprit de sacrifice, contre les mêmes barbares.

Cependant l'étoile de l'espérance a lentement pâli au-dessus des armées de Napoléon III, insuffisamment prêtes à la lutte, poursuivant pourtant sans

cesse la victoire qui se dérobait et leur laissait au
cœur l'amertume des défaites accumulées et la cons-
tatation pénible de troubles politiques intérieurs.

Pierre Karageorgevitch est fait prisonnier. Pour
peu de temps. Audacieusement, il réussit à tromper
la surveillance de ses gardiens. Il échappe aux cor-
dons des sentinelles. Afin de reconquérir sa liberté, il
doit risquer la traversée à la nage de la Loire qui char-
riait, par cet hiver rigoureux, le long collier des
glaçons blancs. Le jeune officier serbe n'hésita pas.
Il franchit le fleuve. Il vint reprendre sa place dans
le rang, comme si l'acte qu'il avait accompli était
la meilleure preuve de fidélité dont il pût témoigner
envers la France, déjà sur la claie.

Quelle plus belle page dans l'histoire du roi de
Serbie? Nous jugeons les hommes à leurs actes. De
l'autre côté des tranchées, quel prince de sang a
cueilli à la pointe de l'épée, l'étoile d'or de la gloire?
Nous avons encore, nous autres, Albert Ier qui re-
nouvelle avec tant de beauté sublime la crânerie et
la noblesse des capitaines de l'antiquité et sur la poitrine duquel, pour épingler la Croix de guerre française, il fallut se rendre au bord même de l'Yser
qu'il ne voulait pas quitter !

En vérité, n'est-il pas réconfortant de constater
que la destinée a mis deux petits pays alliés, — so-
lidaires comme toutes les petites nations,— dans les
mains courageuses des rois Pierre Ier et Albert Ier?

La lutte pour le droit a su donner au courage
une forme devenue familière aux yeux de nos soldats.

CHAPITRE VII

Il a fallu cette guerre atroce pour que les peuples comprissent la force d'affinité des races. On s'est fixé longuement dans les yeux. On s'est compris et reconnu. Rien n'est plus simple. Ainsi, après un violent orage, le parfum des fleurs se fait plus subtil. Une clarté définitive s'est levée qui jette un jour éclatant sur les responsabilités. Les gens de parti pris seront seuls à ne pas comprendre. Cette fois, le monde ne s'est point détourné de l'occasion qui lui était offerte de connaître les Serbes qu'il méconnaissait volontiers, — soldats enveloppés des lumières de la gloire, citoyens dont la fierté nationale a rejeté, comme un manteau trop lourd, le vasselage qui leur était proposé. Les Serbes ne sont point des ilotes.

Treize années d'un règne prospère, au cours duquel le pays s'éleva d'un essor si puissant que ses amis fidèles ne l'avaient pas espéré tel, répondent aux impertinences et aux injustices qui visèrent le roi et ses conseillers. Les coupables ont dû jeter leurs masques. Pierre Ier est resté immuablement fidèle à la cause nationale. Pas de compromissions. Aucun pacte qui ne fût signé dans l'intérêt supérieur du pays qu'il n'abandonna, pied à pied, que sous le tonnerre des canons ennemis. Il ne céda le souci des grands événements et le soin des détails que quand la fatigue et la maladie l'eussent obligé d'appeler auprès de lui le prince héritier, auquel il enseigna le périlleux métier de roi de puissance balkanique. Il a réussi à faire de son fils cadet un démocrate qui ne sera jamais un souverain d'exportation, de parade, de solennités, mais un vrai roi national.

Simple et bon, ferme à l'occasion, le roi Pierre est resté un tendre père pour ses deux « gamins », comme il appelle familièrement les deux courageux officiers.

Lorsque les Serbes relevèrent le gant jeté par une nation beaucoup plus forte que la leur, ils comprirent qu'il n'était pas de cause plus noble à défendre que celle de l'honneur insulté. Ils volèrent à la défense des territoires menacés, fraîchement payés par le sang de milliers d'entre eux. Dette sacrée qu'ils prétendaient acquitter envers ceux que les canons turcs ou bulgares avaient fauchés comme blés mûrs et dont l'esprit de sacrifice ensemença le patrimoine national. Au long des siècles qui, pour nous, s'enfoncent dans les brumes imprécises, leurs descendants pourront puiser encore dans ces exemples splendides des leçons de courage et de bravoure.

S'imagine-t-on qu'après cette guerre la Serbie puisse disparaître? Non, n'est-ce pas? Sa gloire la plus pure sera de n'avoir pas failli aux engagements, d'être restée imperturbablement fidèle aux traités et à l'esprit qui s'en dégage. L'exode des habitants, la retraite de l'armée, si meurtrière dans son martyre navrant, pouvaient être arrêtés net si l'on eût accepté l'une des propositions, qu'à trois reprises, l'Autriche-Hongrie présenta au gouvernement serbe. N'est-ce pas le ministre roumain Marghiloman qui se chargea des négociations ? Un jour, il s'en fut trouver le prince Alexandre :

— L'Autriche vous offre la Bosnie et l'Herzégovine, dit-il en substance. En outre, elle accepte le principe de concessions en Albanie.

Le prince n'eut pas à réfléchir.

— Nous avons promis aux puissances de l'Entente que nous nous interdisions de signer une paix séparée, répondit-il. Si vous croyez que nous puissions faillir à nos engagements, poursuivez vos négociations.

Le ton était sans réplique. M. Marghiloman comprit et n'insista pas.

Un ancien ministre des Finances avait, le 10 août 1915, tenté une démarche analogue (1).

— A mon avis, la Serbie est aujourd'hui dirigée vers les puissances centrales, dit-il. Le dernier moment pour une action politique et militaire dans ce sens a sonné, autrement le trône et la Macédoine sont perdus. Pour atteindre plus rapidement leur but, les puissances centrales passeront à travers le territoire serbe. Si nous laissons passer les troupes austro-hongroises par notre territoire, la Bulgarie n'aura pas besoin d'entrer en action.

Le prince héritier répondit :

— Ne craignez pas. Il n'y a pas de doute que nous et nos alliés sortirons vainqueurs de cette guerre. Nous ne trahirons jamais nos alliés. Ils ne nous abandonneront jamais.

(1) *Belgrader Nachrichten.*

La conception de la valeur d'un engagement, tel que le conçoit le gouvernement serbe, ralliera à celui-ci toutes les sympathies et l'admiration unanime des honnêtes gens. La Serbie inflige directement à l'Allemagne, sur le respect des traités, une leçon morale si élevée que les Kultivés ne la comprendront point, pareils à ces diplomates de Ferdinand de Cobourg qui ont tournoyé sur eux-mêmes, pris de vertige, quand ils en furent avertis. Ces derniers porteront devant la conscience publique la lourde part dans le poids du crime perpétré contre les Slaves du Sud, après la tentative scélérate de juin 1913, dont l'avortement fut pitoyable. Ces Tartares trahirent pour la quatrième fois leurs alliés serbes le jour où ils se jetèrent dans les bras accueillants des Empires centraux ! Oubliera-t-on jamais qu'ils sont les principaux auteurs de l'écrasement et du désastre du courageux pays, dont, depuis 1912, la moitié des hommes valides tombèrent sur le sol, humide de leur sang ? La fleur robuste de la jeunesse des villes et des campagnes, 23.000 adolescents qui essayaient de gagner l'Adriatique, moururent avant d'avoir atteint le coin de terre libre où ils ambitionnaient d'apprendre le métier des armes en vue de la revanche. Et il en était parti 30.000 ! Quelle est la santé de ces mères qui ont résisté aux privations et qu'on a vu arriver comme des damnées, les pauvres femmes, vieillies, cassées, épuisées d'avoir traîné après elle une croix trop lourde ?

Blessé cruellement, ce peuple s'est sacrifié tout entier à l'armée, restant en bordure des chemins, les pieds dans la boue, mourant en silence quand passaient les vétérans des campagnes glorieuses qui essayaient de préserver leurs drapeaux. Il a défendu sa raison d'être en sauvant cette armée qui constitue un vivant défi aux bourreaux bulgares et autrichiens, inquiets de voir le Châtiment se dresser sur le parapet de leurs tranchées.

La France, avec le concours de ses alliés — chacun dans la mesure de ses moyens — a opéré l'extraordinaire miracle matériel qui consistait à transférer à Marseille et en Corse des milliers de Serbes, représentant toutes les classes de la société et qui ne purent arracher que leur vie à la débâcle inattendue. Elle a également transporté de Corfou à Salonique plusieurs divisions d'armée, qui faillirent devenir inutiles si l'on n'avait pu déjouer l'hypocrite manœuvre prétendant empêcher les soldats serbes de traverser le territoire de ces Grecs qui ont placé l'inquiétude au-dessus de l'honneur et qui se félicitent de rester neutres jusqu'à la veulerie, devant la lutte de la Civilisation contre la Barbarie.

On peut en être convaincu : la Serbie accomplira les hautes destinées auxquelles elle est appelée. Elle a conquis, par la bravoure de ses citoyens et la sagesse de ses gouvernants, le droit d'être un État important. Dès maintenant, son sacrifice lui assure la possession de la Bosnie-Herzégovine, du Banat, de la Croatie, de la Slavonie, de la Dalmatie, plantées de gibets où furent pendus ces autres Slaves qui souffrent toutes les douleurs de l'oppression et qui, n'étant qu'un même peuple, veulent former un seul État, libre et puissant.

Enfin ! nous avons compris son cœur. Il nous paraissait rude, un peu sauvage, lointain. Nous hésitions à fouiller parmi les trésors qui dormaient sous sa rugueuse écorce. S'il nous est révélé, c'est que nos yeux se sont brusquement ouverts. Nous nous sommes appliqués à comprendre la noblesse de son honnêteté, cette garantie de la confiance qu'on doit, comme un devoir, lui témoigner et de l'aide qu'il faut qu'on apporte, sans marchandage, dans la restauration de sa renaissance. Une réparation après la crucifixion à laquelle elle s'est volontairement soumise, pour ne pas faillir aux lois, parfois cruelles, de l'honneur,

Ce peuple, tout entier hors des frontières, attend de reprendre le chemin de la patrie. Il n'est pas comme les Germains migrateurs, qui vivent n'importe où, loin du foyer de leurs pères. Le cœur de la Serbie continue de battre sous la cendre grise des bivouacs ennemis. La muraille vivante des soldats du droit, frappant à la façon de ces béliers dont Scipion se servait contre Carthage, renversera les nombreuses troupes d'occupation. Ce sera la ruée de la justice qui éteindra les incendies, séchera les flaques de sang, ouvrira aux innocents les portes des prisons, arrachera jusqu'aux moindres inscriptions étrangères — comme autant de souillures — et, son œuvre d'épurement achevée, retrouvera l'apaisement placide des jours de paix. Comme Lazare, les morts eux-mêmes, levés des cimetières ravinés en blanches ombres insaisissables, achèveront la démoralisation de l'ennemi. Purification, ensuite, mystérieuse et totale des charniers. Renaissance dans une apothéose.

Les menaces ne pèseront plus sur la tête blanche de Pierre Ier auquel 100.000 poitrines feront un rempart, quand il rentrera avec le prince Alexandre.

Celui-ci offrira à ses sujets, lorsqu'il prendra les destinées de la nation dans ses mains raisonnables, la satisfaction de constater qu'aucun descendant de la lignée patriotique des Karageorgevitch n'aura marchandé ni son sang ni sa vie pour le bien du pays que l'ancêtre et le petit-fils et aujourd'hui le fils de celui-ci auront su libérer des jougs étrangers. Leur colère est tombée en éclat sur les ennemis de la patrie qui, une fois le tumulte apaisé, trouveront la juste punition de leur agression et de leur félonie.

Après la signature de la paix, le rôle du roi Pierre ne saurait être terminé. Le vieux souverain restera la signification vivante des aspirations du peuple que les épreuves douloureuses ont sanctifié. Ayant accompli sa mission de chef avec une mâle fermeté, celui qui, par trois fois, aura conduit l'armée aux victoires éternelles, prendra la force d'un symbole. Plus qu'autrefois, il sera le patriarche de la Choumadia. Dans le village de Topola qui chevauche les montagnes silencieuses, il représentera la Serbie des jours de péril, auxquels son énergie fit face avec fierté. Il sera comme le héros antique, plus vénéré d'avoir vu, sans trembler, son pays entouré des flammes d'un enfer.

Il y a un peu plus d'un siècle, un brasier fut allumé sur ces mêmes collines. Il annonçait à ceux de la vallée la libération du pays. N'est-ce pas de Topola que jaillit, longue et puissante, la flamme majestueuse de la rédemption ? La source intarissable de la vie avait rompu l'enveloppe rocailleuse du sol.

Le roi-patriarche retrouvera les jours paisibles qu'il s'était préparés, au milieu de ce carré de terre qui retient dans son sein les poussières des ancêtres :

l'arrière-grand-père, le grand-père Georges le Noir,
la mère du roi, sa femme aussi : Zorka Lioubitza Pe-
trovitch, morte jeune, en 1890. Il continuera à sur-
veiller la décoration de l'église par les hautes fenêtres
de laquelle le frémissement joyeux du soleil glissera
jusqu'aux colonnes en marbre du Wentchatz. La
brise, qui veille à ce que les nuages ventrus ne
pèsent plus de leurs masses rondes sur la vallée fer-
tile, viendra mourir aux pieds des murailles élevées.
De la fraîcheur, comme après un orage, pénétrera la
terre. Le vent n'aura plus d'angoisse et la voix du
clairon s'éteint lentement. Cette fois, les tourbillons
noirs ont cessé leurs menaces. Toute la vie laborieuse
s'agite autour du vieux souverain, — et s'émotionne.
Dans le jour violet, il semble qu'on entende s'ouvrir
les fleurs dont l'haleine est vite figée aux frissons
de l'air. Pierre Ier est pareil au voyageur arrivé,
après un long voyage, au sommet de la montagne et
qui oublie ses fatigues à regarder l'ample jardin,
étendu sous ses pieds. Reposante oasis où sa vieil-
lesse sera éblouie de la clarté des espoirs qui mon-
tent des villes meublées par les utiles occupations des
abeilles du travail et des champs peuplés d'hommes
conduisant la charrue avec la même conviction sé-
rieuse qu'ils mettaient jadis à manier le fusil, —
obstination opiniâtre de ceux qui éprouvent d'autant
plus d'amour à retourner la terre que leur héroïsme
aura su l'arracher à l'oppresseur, au prix des Sacri-
fices Impérissables.

Les aubes du triomphe ont lui.

4240. — Tours, imprimerie spéciale de la Maison BLOUD et GAY.

www.ingramcontent.com/pod-product-compliance
Lightning Source LLC
Chambersburg PA
CBHW061243030726
47595CB00004B/1677